LES FEES DES FORESTS DE S^T GERMAIN.

Ballet.

DANSE PAR LE ROY EN LA SALLE du Louure le xi^e iour de Feurier 1625.

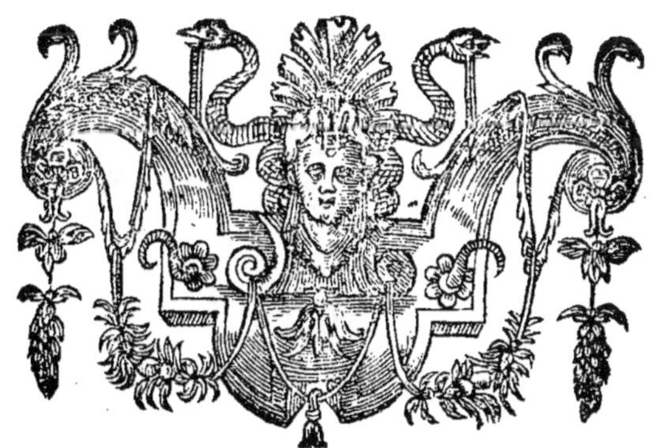

A PARIS,

M. DC. XXV.

LECTEVR, Tu ſeras aduerty que les vers qui ſuiuent ne regardent que les recits, & les entrées du Roy, & des Princes & Seigneurs : Et quant à l'ordre & ſuitte entiere du Ballet, dans lequel les particuliers font diuerſes entrées, tu l'apprendras par vn Diſcours en proſe.

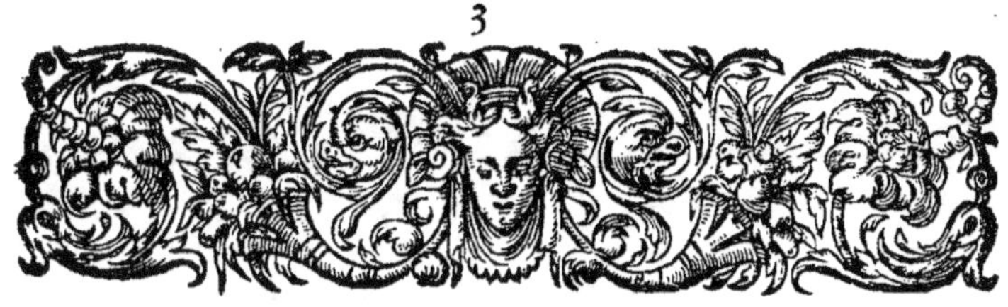

PREMIER BALLET.

RECIT.

Guillemine la Quinteuſe Fée de la Muſique, repreſentée par le Sieur Marais.

AVX DAMES.

mis en musique par Boesset. V. p. 93 du rec. de ses airs, 2e éd. Par. 1689. — fe 4 du XIII l. d'airs in 4° 1626.

VN concert bien melodieux
N'eſt pas ce que i'aime le mieux,
Ny le poinct d'honneur qui me pique:
Les beaux chants c'eſt dont ie me ris,
Et n'ayme rien que la Muſique
Qui reſſemble aux Chariuaris.

Außi par mon enchantement
Des Chantres veſtus plaiſamment
Animeront des cors de chaſſe,
Et forgeront de ſi beaux pas
Qu'il en naiſtra quelque grimace
En vos viſages pleins d'appas.

Que ſi leurs accors ſans accord,
Par vn trop violent effort
A vos oreilles font la guerre,
Au moins plairay-je à vos regars,
Puis que ie mettray la guiterre
Entre les mains d'vn ieune Mars.

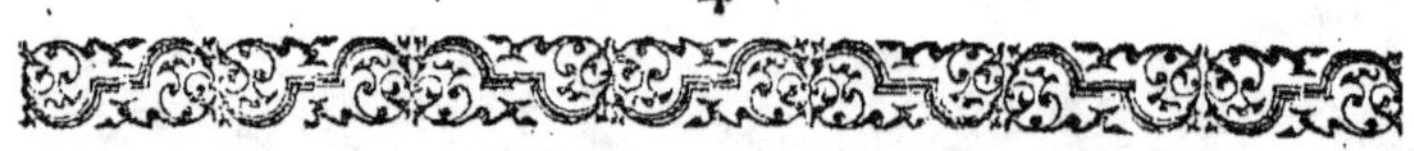

AVTRE RECIT ACCOMMODE' A l'air qui a precedé les paroles.

Les Musiciens de Campagne.

L'air est de Boesset. V. Rec. de ses airs. 2e éd. Paris. 1689. p. 94.
Airs in 4° L. XIII. 1626. f° 5.

AMour rauy de vos attraits si chers aux Dieux
A guidé nos pas pour voir vos beaux yeux,
Et pour ranger dessous vos loix
Nos luths & nos voix.
Que le Ciel n'en soit ialoux,
Nos cœurs sont à vous.

Le feu qui sort de vos regards est si puissant
Que la nuict soudain va disparoissant,
Et n'est besoin que le Soleil
Haste son réueil,
Ce beau lieu reçoit le iour
Des rayons d'Amour.

LES CHACONISTES ESPAGNOLS TANT Cauallicrs que Dames, qui danſent ſelon l'ordre cy apres.

Monſieur le Duc d'Aluyn.

A Quoy ne me reduit le tourment que i'endure
Puis qu'en habit de femme, Amour, ie te cõiure
De fléchir la Beauté qui me donne la mort?
Ie luy ferois bonne guerre,
Si ie la trouuois d'accord
Außi bien que ma guiterre.

Monſieur de Bleinuille.

MON deſſein, ô ieune merueille,
Eſtoit de charmer ton oreille,
Afin de fléchir ton orgueil:
Mais que mon cœur aura de bréches!
Car ie voy bien que ton bel œil
Me veut tuer à coups de fléches.

Monsieur le Marquis de Mortemar.

QVE me sert cét habit dont ie trompe vn ialoux,
Puis que le bien chanter & ces accords plus doux
N'ont charme si puissant qui ne me soit funeste?
Celle dont i'obserue les loix
Exerce ma main & ma voix,
Et cruelle qu'elle est ne se sert point du reste.

Monsieur de la Rocheguyon.

AMANT Espagnolisé,
Ie suis tout déualisé,
Cloris m'oste l'esperance:
O que son cœur est cruel!
I'aurois presque l'asseurance
De l'appeller en duel.

Monsieur le Duc de Nemours.

LE Mars des fleurs de Lis, Roy de mes volontez,
Anime mon courage, ainsi que ma guiterre,
Sçachez donc que ie suis, ô Diuines Beautez,
Espagnolle au Ballet, & François à la guerre.

LE ROY.

O Merueilles des Cieux, ie lis en vos regars
Qu'Amour eſt tout rauy du ſon de ma Guiterre,
Mais i'eſpere monſtrer aux deux bouts de la Terre,
Que i'ay des tõs plus forts pour charmer le Dieu Mars.

Monſieur le Grand Prieur.

LE cœur gros de ſouſpirs, et les yeux pleins de larmes
Ie m'eſtois déguiſe, croyant tromper les charmes
De tes diuins regars, qui font la guerre aux Dieux:
Mais helas! chere Syluie,
Ie perds dedans tes beaux yeux
Ce qui me reſtoit de vie.

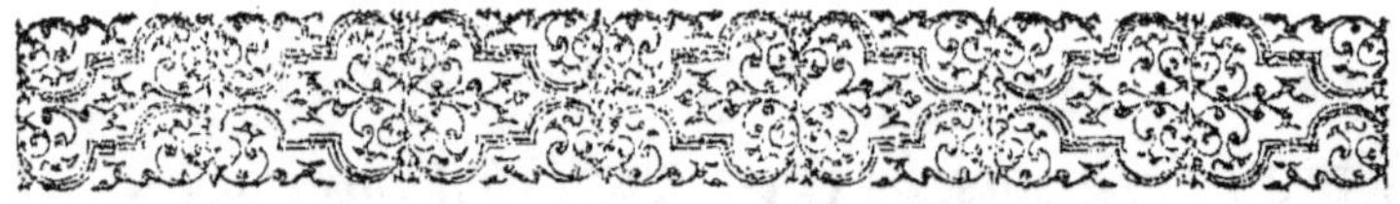

SECOND BALLET.

RECIT.

Gillette la Hazardeuze Fée des Ioueurs, representée par Monsieur de Chalez.

par Boesset. V. Rec. de ses airs. p 95. 2e éd. Paris 1619.
Air de Cour L. XIII. 1620. f° 6

LES Joüeurs sousmis à mes loix
Ont vn agreable caprice,
Les os ne leur tombent des doigts,
Vn tourniquet est l'exercice,
Où des Lacquais & des Bertrans
Pour des soufflets vont follastrans.

Ils sont suiuis d'Esprits follets,
Qui bandez à forcer la balle,
Font voir qu'Eole & ses vallets
N'ont vistesse qui les esgalle,
Et qu'en soupplesse & soubresauts
Les singes ne sont que des sots.

Vn regnard marche pas à pas,
Et ne voit poulles qu'il n'emporte.
Mais, ô Beautez pleines d'appas,
N'en riez que de bonne sorte,
Pour vous mettre en pareil hazard
Amour est assez fin regnard.

LES LACQVAIS.

Monſieur le Marquis de Mortemar.

LA Gloire accompagne mes pas,
Bien que Lacquais ie ne ſuis pas
De ceux qu'vn Eſcuyer eſtrille:
Mon Maiſtre eſt mon vallet par fois;
S'il me faict porter la mandille,
Moy ie luy fay porter du bois.

Monſieur le Commandeur de Souuray.

CRuelle ambition, laiſſe-moy viure en paix,
Et iamais plus ne m'importune,
N'ay-je pas aſſez de fortune,
Puiſque ie ſuis Roy des Lacquais?

Vn Esprit follet ioüeur de balle forcée, representé par Monsieur de Liancourt.

MYrtes, couronnez-moy,
Que si ie ne suis Roy
De l'amoureux Empire,
Au moins suis-je à la Cour,
Esprit pour le bien-dire,
Et Follet pour l'Amour.

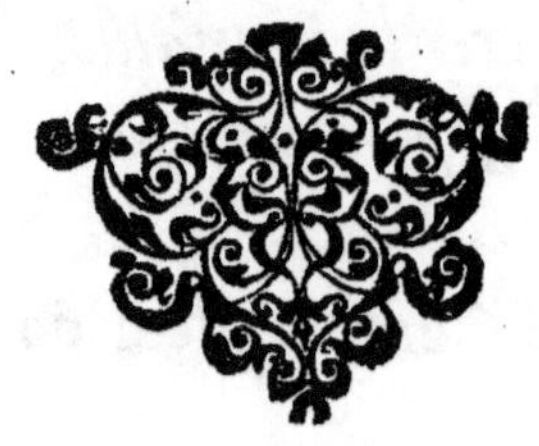

TROISIESME BALLET.

RECIT.

Iacqueline l'Entenduë Fée des Estropiez de ceruelle, representée par Monsieur de Liancourt.

par Boesset. V. rec. de ses airs. p. 96. 2e Edit. Paris. 1689. airs in 4° L. XIII. 1646. f° 7.

IL n'est si fameux Empirique,
S'il affronte mon art magique,
Qui ne reçoiue vn pié de nez:
Le chef-d'œuure que ie projette,
Gist en la caballe secrette
De guerir les embabouinez.

Ils ont l'œil creux, le corps ectique,
Le poil & l'habit à l'antique,
Qui les font remarquer de loing:
La vanité leur sert de guide,
Et de meubler leur chambre vuide
Les Chimeres ont vn grand soing.

Pressez de leurs humeurs bourruës
Tout le iour ils courent les ruës,
Et toute nuict ont l'œil ouuert:
Moy, pour esgayer leur folie,
I'ordonne à leur melancolie
De se couurir d'vn bonnet vert.

Parmy tant de rares pensées
Qui sont diuersement blessées
Les fantasques me gastent tout,
Leurs fougues ne sont point communes,
Et les demy-foux ont des Lunes,
Dont ie ne puis venir à bout.

Et quant à vous, Esperlucates,
Vos complexions delicates
Veulent vn traictement fort doux:
Mais en vostre mal qui m'estonne,
Tout le remede que i'ordonne
C'est que ie m'en rapporte à vous.

Vn Embaboüiné representé par Monsieur de Chalez.

ESprits adjustez comme il faut,
Ie reconnois bien mon defaut
Et les caprices dont i'abonde:
Mais puis que le party des foux
Est le plus grand qui soit au monde,
Ie veux en estre comme vous.

Les Demy-foux qui dansent, selon l'ordre cy apres.

Monsieur Frere du Roy.

SI i'ay le sens troublé, ce n'est qu'en apparance,
Amour & le Dieu Mars partagent mes desirs,
Qui sont si bien reiglez, que mes plus chers plaisirs
Sont d'adorer Caliste, & de seruir la France.

Monſieur le Duc d'Elbeuf.

CE n'eſt donc point aſſez d'auoir perdu mon cœur,
Eſclaue du bel œil qu'Amour fit mō vainqueur,
Il faut que la raiſon me ſoit auſſi rauie.
O Dieux! qui vit iamais de ſi diuins appas?
C'eſt n'auoir point d'eſprit de ne le perdre pas
Pour l'amour de Syluie.

Monſieur le Grand Prieur.

SI t'aymer eſt vn crime indigne de pitié,
Au moins pour le reſpect de ma longue amitié,
Donne à mes paſſions vne fin moins tragique.
Ce que tu crois des pleurs, (ô merueille des Cieux,)
Helas! c'eſt mon cerueau que l'Amour alambique,
Et faict à tout moment diſtiller par mes yeux.

Monſieur le Commandeur de Souuray.

CE mal qui donne peu de tréues
A mes ſens d'amour tranſportez,
Ne vient pas de la fleur des féues,
Mais bien de la fleur des beautez.

Les Fantaſques, qui danſent ſelon l'ordre cy apres.

Monſieur le Comte de Soiſſons.

LE caprice & l'orgueil n'ont part en mes amours,
Vne Beauté me rẽd plus humble que les herbes :
Et quant aux Caualiers mon humeur eſt touſiours
Facile aux complaiſans, et fantaſque aux ſuperbes.

Monſieur le Duc de Montmorancy absent

BIEN qu'agité d'vn grand orage,
Ie ſois menacé du naufrage,
Qu'ont les deſſeins ambitieux,
Feux jumeaux, cachez voſtre flãme,
Il ne me faut que deux beaux yeux
Pour calmer les flots de mon ame.

Monſieur le Duc d'Aluyn.

PVIS que chery d'vne Diuinité,
Je feins icy que ſa rigueur m'affolle,
Ieunes Amans remplis de vanité,
Pour la quitter venez à mon eſcole.

Monſieur de Bleinuille.

BIen que l'humeur fãtaſque aux fougues me cõuie,
Toutesfois quand l'Amour guide mes volontez,
La Lune ne tient pas ma raiſon aſſeruie,
Cet hõneur n'appartient qu'au Soleil des Beautez.

QVATRIESME BALLET.

RECIT.

Alizon la Hargneuſe Fée des vaillans Combattans, repreſentée par le ſieur Delfin.

mis en musique par Boesset. v. p. 8 du 13 Liv. des airs mis en tabl. de Luth. Paris 4°. 1628.

MES combattans que Mars ne ſçauroit égaller
D'exploicts & de gloire ſont riches,
Leurs coups font aux cõbats bras & teſtes voller,
Il eſt vray qu'elles ſont poſtiches.

Les plus fiers Rodomons preſſez de leur valeur
Sentent leurs forces diſſipées :
Que ne feroiẽt-ils point, n'eſtoit que par malheur
C'eſt de bois que ſont leurs eſpées ?

Leurs ſoldats ſont docteurs, qui bruſlent du deſir
D'auoir en teſte des Hercules :
Courir, et rõpre en lice eſt leur plus grãd plaiſir,
Mais ils ſont montez ſur des mules.

Finiſſons ces combats faicts pour le paſſetemps,
Il me reſte vn poinct à vous dire,
C'eſt que les Ennemis du Chef des Combattans
Auront plus à pleurer qu'à rire.

Les vaillans Combattans qui danſent ſelon l'ordre cy apres.

Monſieur de la Rocheguyon.

NE preſume, Tenant, demeurer mon vainqueur,
Mon courage ſuffit à conſeruer ma vie,
Et pour la garantir n'ay-je pas dans le cœur
Graué des mains d'Amour le pourtraict de Syluie?

LE ROY.

FRãce, qui dãs les mains me vois des armes peintes,
Dõt les exploits ne ſont que des jeux & des feintes,
Ne croy que ie m'en ſerue auecque paßion:
Pour moy tous paſſetems ont vn charme inutile,
Amour fera bien toſt place à l'ambition,
Et l'Ennemy ſçaura que ie ſuis vn Achille.

Monſieur de Liancourt.

QVE ie hay cette eſpée
Dont ma dextre occupée
Rauit toute la Cour,
Les armes naturelles
Sont plus propres, Amour,
Pour vuider mes querelles.

Monſieur le General des Galeres.

GVerrier armé de courroux,
Qui pour me percer de coups
Fais vn effort admirable,
Apprens à ton vain orgueil,
Que ie ſuis invulnerable,
Horſmis aux traicts d'vn bel œil.

CINQVIESME ET DERNIER
Ballet, qui est suiuy de la Conclusion.

RECIT.

Macette la Cabriolleuze Fée de la Danse, representée par le Sieur de Poyenne.

par Boesset. 1er rec. de ses airs. p. 97. 2e éd. Paris. 1689.

QV'ON ne me rompe les oreilles
De ces fabuleuses merueilles
Qu'vne lyre fit aux vieux temps:
Ie me vante que mes trophées
Feront tenir pour charlatans
Les Amphions & les Orphées.

Rien n'est si diuin que ma gaule,
Sa vertu que le Ciel espaule
Me donne cent mille suiuans,
Et faict, tant le monde radotte,
Passer pour des hommes viuans
Des bilboquets que i'escamotte.

Ie m'abuse, ô merueille estrange!
Leur forme premiere se change
Et dansent comme Demy-dieux.
Beautez dont la France est regie,
Ie dois aux charmes de vos yeux
Ce dernier effect de Magie.

FIN.

BORDIER.

www.ingramcontent.com/pod-product-compliance
Lightning Source LLC
LaVergne TN
LVHW020633110826
845149LV00004B/1172
* 9 7 8 2 0 1 9 1 9 5 3 3 5 *